子どもが変わる！ 愛情保育 35のメソッド

社会福祉法人よしみ会
中辻祥代 著

黎明書房

はじめに

ー保育を変えるきっかけと学びー

「なんだか日本が変！」「なぜだろう？」と考え始めたのが、いまから17年前のこと。少年たちがある大変な事件を起こしたのです。

折しも私は、私たちの法人の園の園長をしていました。園に入園してくる子どもたちは、どの子もみな純真無垢で天使のような存在でした。悪いことをすべく生まれてくる子どもなど一人もいません。事件を起こした少年たちも、幼いころは同じように天使のようだったはずです。それが、育っていく中で何かが間違ってしまい、あのような事件を起こすことになってしまったのでしょう。

私は次のように考え、保育を変えようと思いました。

育て方でハッピーに生きていけるのではないか。それぞれの家庭の子育てを変えることは大変なことだが、園の保育を変えることならできる。また、保育を通して、家庭によい影響を与えることもできるはずだ。

でも、いったいどう変えたらよいのか、さっぱりわからない状態でした。そこで、私の園とは違う方法で保育をしている園を見せてもらうことにしました。そこは、以前から気になっていた園。「なにか得るところがあるに違いない」となぜか確信をもっていました。

ありがたいことに園長先生ご夫妻は、一つひとつていねいに説明してくださいました。おかげさまで、次のようなことが学べました。

保育室は「教室」ではなく「部屋」であること。「運動場」ではなく「園庭」であること。「給食」ではなく「食事」であることなど。

みんなで一斉に同じことをする画一保育に疑問をもち始めていた私にとって、その園の環境や保育方法が新鮮でなりませんでした。後光が射しているようにさえ感じられました。

それから間もなく、白鷗大学の名誉教授である荒井洌先生のゼミナール（NPO　ほいくゼミナール・21）に参加させてもらえるようになりました。荒井先生のお話は、「目からうろこ」

のような話ばかりで、ときには、胸がすかっとするようなお話もあり、とても多くのことを教えてくださいました。私は、荒井先生の本をいつも持ち歩いて、時間があれば読み、その通り保育を変えていきました。そして、ほいくゼミナール・21のメンバーの多くの園にもお邪魔して、学ばせていただきました。

またもう一人、人が生きていくうえで大事なことを教えてくださったのが白河伊都子先生です。白河先生は、「愛情が足りない子どもほどアウトサイダーになっていきます。日本の世の中が平和であるためにも、子どもを抱きしめて、自分が言われてうれしい言葉をシャワーのように浴びせてやってください」と教えてくださいました。すぐに実行しました。すると、園内は穏やかになり、子ども同士も仲良く遊ぶようになりました。

この本には荒井先生や白河先生から教えていただいた理論をもとに、さまざまな角度から具体的に実践したことを、35のメソッドとして写真を用いながらわかりやすく書いています。

この本を手に取ってくださった方はすでに保育を変えていく一人となっています。

子どもがしあわせであるように、日本の未来が平和であるように、これまでの保育を変えて、新しい保育にトライしましょう。

本書で使用している写真は、スウェーデンの園の写真以外、すべて法人4園の写真です。
東百舌鳥《ひがしもず》保育園（大阪府堺市）定員250名の大規模園
泉北園（大阪府堺市）特別養護老人ホームと併設されている園
ちぐさのもり保育園（神奈川県横浜市）公立から移管した園
あいのもり保育園（東京都品川区）タワーマンション内にある園

社会福祉法人よしみ会　中辻祥代

目次

第2章
園のルールは子どもが決める・13のメソッド …… 35

第3章 保育園を昼間の家庭に・12のメソッド

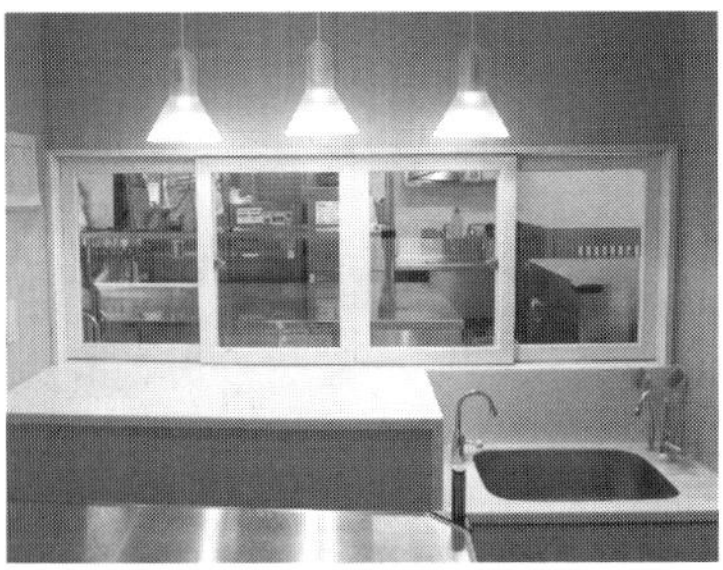

第1章

愛情保育10のメソッド

第1章で伝えたいこと

ハッピー方程式

園長がいつもニコニコしていれば、スタッフもニコニコできます。そうすると、園の子どもたちは自然と笑顔になり、しあわせに毎日が過ごせます。これが保育のハッピー方程式です。この方程式に「愛情」という、人にとって一番大事なエッセンスを加えたものが、私の保育観です。

例を一つあげます。ここに2つのコップがあります。ひとつのコップには、あふれんばかりのたくさんの水、もうひとつのコップには、少量の水しか入っていません。自分はのどが渇いていて、水を飲みた

い状況です。そして、他にものどが渇いている人がいます。

さて、どちらのコップの水のほうがその人に分けてあげられますか？

答えは、簡単です。たくさん水が入っているほうです。少しの水だと、自分ののどを潤すのに使ってしまいます。しかし、たくさん水が入っていれば、自分ののどを潤してもまだ人に分けてあげられる分が残っているからです。

コップは人の心です。水は愛情です。たくさんの愛情をもらって育った子どもは、いつも人にやさしくでき、愛することもできるのです。

では、私たち大人は、どのようにして愛情を与えればいいのでしょう。

まずは、抱きしめることです。とにかく子どもを抱きしめる、そうすれば子どもの心に愛情が入っていきます。

第1章では、保育の中で愛情を子どもに与えるための10のメソッドをお話します。

メソッド 1

ギューッと抱きしめる

いつも誰かを抱きしめていますか？　また、誰かに抱きしめられていますか？

私は、22歳になった娘をいまでも抱きしめています。私が辛いときや悲しいときに「ギューッとしていい？」と聞いてから、抱きしめさせてもらいます。そうすると不思議に、子どものあたたかさがパワーとなって私の心に響いてきて、元気になったと感じます。いまでも娘自身もエネルギーが足りないと感じるときは、抱きしめてほしいと言ってきます。大人でも辛いときや悲しいときに、抱きしめてもらえたら心があたたかくなりますよね。

抱きしめること、それは「あなたは大事な存在だよ」というサインを送られることであり、その人のあたたかさを感じることで安心感がわいてきて心が落ち着くことです。

そこで園でも、保育者が子どもをギューッと抱きしめるようにしました。抱っこではありません。目の前の子どもに思いを集中させ、心を込めて「ギューッ」と抱きしめるのです。

登園時，緊張した顔を見つけたら

園で遊ぶことを楽しみに元気いっぱいに登園してくる子もいますが，どこか緊張している子もいます。そんな表情を見つけたら，「おはようございます。来てくれてうれしいよ」と言いながら，ギューッ。

叱った後のフォローとして

危険なこと，してはいけないことをしたときは，しっかりと子どもの目を見ながら「なぜいけないか」を話します。わかってくれたと感じたら，「わかってくれてありがとう」と言いながら，ギューッ。

1日1回どの子にも

園でよい子にしている子ほど，抱きしめる回数が少ないものです。どの子にも１日１回は「ギューッ」を心がけます。

ハッピーチェンジ！

毎日，どの子にも意識して「ギューッ」と抱きしめる保育を実践したところ，子どもの様子が変わってきました。お母さんと離れられず泣いていた子や園の生活になかなか馴染めずにいた子，さみしさや不安を感じていた子どもが明るく落ち着いてきたのです。抱きしめられることに慣れていなかった子が，自分から抱きしめてほしいと言ってくるようにもなりました。

メソッド 2

子どもの名前を早く覚える

名前とは、その人自身です。**名前を覚えて呼ぶことが、その人の存在を認めることになります。**

そこで、入園式までに資料をもとに、できる限り多くの子の名前と顔を覚えるように努力しています。

そして、初めての登園日、「○○さん、おはようございます」と一人ひとり名前を呼んで、あいさつします。

そうすると、子どもはうれしく思います。また、保護者もうれしいと同時に驚いてくれます。園に対する信頼感が一気に高まり、安心して子どもを預けていただけるようになります。

保護者が園に信頼を寄せている様子を見れば、子どもも安心して園で過ごせるようになります。子どもの名前を覚えて呼ぶということから、よい循環が始まるのです。

保育者全員が全園児の名前を覚える

自分のクラスの子だけを覚えればよいわけではありません。他のクラスの子の名前も覚えるようにしましょう。

保護者の名前と顔も覚える

自分のクラスでなくても送迎時，保護者の顔を見て「○○ちゃん，今日はこんなことをしていましたよ」などと話せるようにするために，保護者の名前と顔も覚えましょう。

ここがポイント！

私たちの法人の研修会の講師がキャビンアテンダントを経て教官をしておられる方で，このような話をしてくださったことがあります。ヘビーユーザーの方には必ず「○○様，いつもご搭乗ありがとうございます」と，名前を呼ぶようにするそうです。そうすると自分が特別視されていると感じることから，満足度が上がるそうです。大勢いる中で名前を覚えられるというのは特別でうれしいものです。それは大人に限ったことではなく，子どもも一緒なのです。

メソッド 3

入園までに親子で遊びに来てもらう

3月中旬の入園オリエンテーションから、4月の入園式までのおよそ2週間の間に、親子で園に遊びに来てもらうように話します。そうすることで、徐々に園に慣れてもらうようにします。その期間中に、私たちと保護者との関係も深めていきます。**いろいろなことをお話ししながら、園の方針や生活について理解していただく**のです。保護者が我が子を安心して預けられる場所だと認識をすると、子どもも園を安心できる居場所として認識してくれます。子どもの心の安定のためには、とても重要なステップです。

それまで家庭にいた子が、いきなり保護者と離れ、朝から晩まで知らない場所で過ごす、そのストレスたるや、どれほどのものでしょうか。あまり苦もなく慣れてしまう子もいますが、いずれ何かのきっかけで心が悲鳴をあげる子がいてもおかしくありません。子どものペースで園に少しずつ慣れていってもらう感覚を私たちはもつべきだと思います。

保育者は笑顔で
園内を
案内します

保護者に
見守られながら,
離れて遊ぶ

保護者に抱っこ
されているので
子どもは安心

ここがポイント!

最近は,いわゆる「慣らし保育」は必要ないという風潮があるようです。多少無理があっても,どうせ子どもは慣れるのだから大丈夫だと。それが合理的ということなのでしょう。でも,子どものしあわせを考えるとき,合理的という言葉ほど自然体と対極にあるものはないと思います。

メソッド 4

ロッカーに家族の写真を貼る

玄関脇に、カバンや冬のコートなど個人の持ちものを入れるロッカールームがあります。ロッカーの上の掲示板は、家庭と園をソフトにつなぐスペースと位置づけ、親子で自由に使ってもらいます。

そこには、家族の写真や手紙、子どもが描いた絵を貼っています。園にいながらにして、それぞれの子どもが「自分のおうち」を感じられる場所にするためです。

これまで日本の保育は、「里心がつかないように」家庭と園を遮断するのが一般的でした。でも、私に言わせれば、それは逆効果です。

園でさみしくなっても、ここに来れば家族に会えると思えれば、子どもはホッとするのではないでしょうか。そう、ここはいつでも「おうち」に帰れるドラえもんの「どこでもドア」なのです。

子どもがさみしくならないように家族の写真を飾っている。

スウェーデンの
子どものロッカー

ハッピーチェンジ！

家庭と園は「子どもを育てる」ことを共有します。それは，保護者が園に子どもを預けて仕事に行ってからも，です。保護者には「いつもそばにいるよ」というサインを子どもに送り続けてほしいと思っています。そこで，園から保護者に写真の提供をお願いして，子どもにとって心が和む場であってほしいと思い，このコーナーをつくってみました。

メソッド

5 今日も元気に来てくれてありがとう

入園したてのころは、泣いて登園する子もいます。慣れてきてからも、ときにはさみしげな顔で登園する子もいます。

そんな子をどう迎えるか。大切なのは、保育者の愛情です。

子どもの気持ちを察し、ギューッと抱きしめながら「待っていたよ」「今日も園に来てくれてありがとう」「大好きだよ」と語りかけます。また、「お庭でいっぱい遊びましょうね」「今日のお昼ごはんは、○○ちゃんの好きな○○だよ」と期待をもてるように話します。さらに、帰り際には「明日も元気に来てね」「待っているよ」と言いましょう。

このように言われてうれしい言葉を、シャワーのように浴びることで、子どもの表情は穏やかになっていきます。言葉は大事です。子どもの心を一瞬に変えることができます。あたたかな語りかけをするようにこころがければ、園全体があたたかな雰囲気になっていきます。

ここがポイント！

「今日も元気に来てくれてありがとう」――そんな言葉は，照れくさくて言いにくいと思われるかもしれません。でも，はじめはぎこちなくても，口にだしているうちにだんだんと言葉に気持ちが追いついていきます。

メソッド 6

ほめあいっこデイをつくる

私たちの園には、ほめあいっこデイがあります。ほめあいっこデイとは、週に一度朝のサークルタイムのときに一人ひとりが誰かをほめるというものです。

「お父さんでもお母さんでも友だちでも誰でもいいので、ほめてあげましょう」と話します。そして、最初の子が誰かをほめ始め、次の子へ次の子へと進むたびに、子どもたちは身を乗り出して聞き入ります。

ほめられることは自分を認めてもらえること、そして誰かをほめることは誰かを認めること。どちらも心地よいことなのです。

人をほめることが上手になれば、おのずと人間関係はよくなります。**小さなころから人をほめる習慣をつけることは、生きていくうえでとても大事なことです**。つまり、これはトレーニングなのです。

いうまでもなく、保育者はいつでも子どもをたくさんほめるようにしましょう。

親へのほめ言葉を知らせる

子どもが保護者をほめたときは，そのことを必ずお迎えのときにお話しします。もちろん保護者は喜びます。きっと親子関係もよくなることでしょう。

「ありがとう」もほめ言葉

すごいね。えらいね。かわいいね。ほめ言葉というと，こうした言葉をイメージしてしまいがちですが，「ありがとう」もすてきなほめ言葉。「生まれてきてくれてありがとう」「園に来てくれてありがとう」と話します。

ここがポイント！

いま，子育てをしているお母さんたちは毎日，必死です。自分の時間もなかなかつくれず，ひたすら子どもの世話，家事，仕事と大忙しです。お母さんたちは子育てをして当たり前，家事をして当たり前だと思われているのです。保育者は，そんながんばっているお母さんたちに「よくがんばっていらっしゃいますね」と言いましょう。お母さんも誰かにほめてもらえるとうれしいのです。

メソッド 7

お誕生日はその日に祝う

お誕生会を行う園は多いと思います。でも、たいていは月に一度、その月に生まれた子どもたちをまとめてお祝いするのではないでしょうか。

私たちの園では、いわゆるお誕生会は行いません。そのかわり、**一人ひとりのお誕生日のその日をタイムリーにお祝いします**。お誕生日は、その子が生まれたその日だけ。お誕生日をその子だけの特別なものとし、生まれてきてくれたことへの感謝を伝えるために、その日を大切にしています。だから、みんなまとめてのお誕生会はしないのです。

まず、お誕生日の子の胸や肩にフェルトで作ったワッペンをつけます。こうすることで、園にいるすべてのスタッフ、子どもたちに、その日、その子がお誕生日なのだということがわかり、みんなに「おめでとう」「何歳になったの?」などと祝ってもらえます。

朝のサークルタイムには「大きくなったら何になりたいの？」などと，みんなの前でインタビューを行ったり，ランチタイムのときには，その子は色のついた椅子に座れたり，特別感を演出します。お誕生日の１日，子どもは一段とうれしそうにしています。

Q お誕生日が土日にあたった場合はどうするの？

A 残念ですが仕方がないので，その直前の金曜日を「お誕生日」としてお祝いしています。子どもたちに理解してもらえるように話します。

誕生日ワッペン

こんな効果が！

たくさんの人に「おめでとう」と祝ってもらい，喜びを味わうことで，友だちの誕生日や何かうれしいことがあったときに素直に「おめでとう」と言ってあげられる子どもに育ちます。

メソッド 8

一人ひとりのアルバム（成長記録）をつくる

保育園にお子さんを預けているお母さんたちはとても忙しいのです。家事をこなし、子どもの世話をし、仕事に出かけるので精いっぱい。それ以外のことには、なかなか手をつけられないのが現実です。

たくさん写真を撮ってはいても、整理が追いつかず、そのまま放ったらかし、という声もよく聞かれます。そこで、私たちはお母さんたちのかわりに、子どもの成長記録を残すことにしました。**まるで我が子にするように、写真にコメントをつけ、そのころに作った作品も入れてアルバムとしてまとめる**のです。そして、卒園のときに、家庭へのプレゼントとしてお渡しします。

アルバムに何の写真をのせるか、どんなコメントを書くか、考えることで保育者も子ども一人ひとりをよく観察するようになり、保育にもよい影響が生まれます。もちろん、保護者との信頼関係を深めるのにも役立っています。

写真の撮り方

- 何をしているのか一目でわかる写真を撮る
- 背景にほかの人が入らないようにする
- 初めてできるようになったことや成長がわかるようにする
- 日常の遊び，リズム遊び，製作や絵画など，さまざまな場面の写真を撮る

カメラ目線にならない自然な表情を！

その子が主役！

いつでも保護者が手にとって見られるようにしている。

コメントのつけ方

- ほかの子と同じにならないようにする
- 同じようなコメントが続かないようにする
- 写真を撮ったときのエピソードを交えて書く
- 初めてできたことや成長を喜ぶコメントを書く

こんな効果が！

毎日，大忙しのお母さんたちからは，とても好評です。喜んでくださっています。そして，何より効果があるのは，子ども自身です。子どもたちが自分の成長を感じて喜んでいます。子どもが喜んでくれることは，とても大事なことだと思いませんか。

メソッド

9

保育者はエプロンをつけない

私たちの園のコンセプトの一つが「保育園は昼間の家庭」です。とすると、保育者は昼間のお父さんとお母さんです。

おうちでふだん、お父さんお母さんはエプロンをずっとつけているのでしょうか？　家事をするときはつけていても、子どもと遊んだりくつろいだりするときは、つけていないですよね。

私たちは、保育を「作業」として捉えていません。いや、絶対に「作業」として流してしまってはいけないのです。

園によっては保育者の方々がエプロンをしていたり、ジャージを着ていたりということがありますが、私からすると、子どもに汚されても大丈夫だと言っているように思います。

そこで、**食事やおやつの支度をするとき以外、保育者はエプロンをつけません。**より家庭的な穏やかな雰囲気の中で、子どもたちに過ごしてもらいたいのです。

食事の支度のときのエプロンもキャラクターものは避ける

ふだんは好みの服装で

こんなことも

食事やおやつの準備のときは衛生面を考えて，エプロンとバンダナをつけます。子どもたちは保育者のエプロンに興味津々。今日はどんなエプロンで食事を配ってくれるのか，楽しみで仕方ない様子です。

メソッド

10

保護者をねぎらう

私自身、３人の子育てをしながら仕事を続けてきました。ですから、保育園に子どもを預けて働くお母さんがどんな状況かよくわかります。

お迎えの後は、ごはんを作って食べさせて、お風呂に入れて、寝かしつけて。夫の帰宅が遅かったり、核家族だったら、それをお母さん一人でやらなければならないわけです。大変ですよね。

ですから、**お迎えに来られたお母さんには、「お仕事おつかれさま」「おうちに帰ってからも大変ですよね」「がんばってくださいね」と、ねぎらいの言葉をかけるようにしています。**そして、子どもには「お母さん、大変だからお手伝いしてあげてね」と言います。

保育をしていくうえで、いちばん大事なのは「愛情」です。その愛情は、子どもだけではなく、こうして保護者にもかけるようにしています。それが、ひいては子どものためにもなるのです。

汚れた衣服は着替える

子どもの鼻水が付いているような服のままで保護者をお迎えしないようにしましょう。そこにもプロ意識が必要です。

エントランスをきれいに

保護者がお迎えに来られたときに，真っ先に目に入るのがエントランス。そこがきれいだと心も和みます。そこで，子どもがお昼寝をしている時間帯などに，必ずエントランスをきれいにしておきます。

こんな効果が！

お母さんがほっとして，少し気持ちにゆとりが生まれると，家に帰ってからも子どもにやさしく接することができると思います。スタッフの心あたたまる帰り際の一言で，家庭での子育てを応援することができるのです。

ハグハグキャンペーンのすすめ

園だけでなく、家庭でも子どもをギューッと抱きしめてほしい。そのためにどうしたらよいか考えて、法人内の園で7年前から「ハグハグキャンペーン」を始めました。チラシを作って、家庭に「ギューッと抱きしめよう」と提案。モニターを募集し、その効果についてアンケートも取りました。

法人内の定員60名の園で実施した「ハグハグキャンペーン」では、参加者21名中15名が、キャンペーンに参加して「大変

良かった」、6名が「良かった」。

また、「ギューッと抱きしめる」ことで、子どもの様子が「大きく変わった気がする（2名）」「変わった気がする（16名）」と回答していました。


どの園でも、いつでもできる「ハグハグキャンペーン」。やってみてはいかがですか。

ハグハグキャンペーンのご説明

この度は、ハグハグキャンペーンのモニターに応募していただきまして、ありがとうございました。

実施期間とアンケートに答えていただくこと意外は、特別のルールは何もありません。

ただ、毎日の生活の中でお子様を抱きしめていらっしゃることと思いますが、この期間は特に意識して抱きしめてあげてください。

そして抱きしめながら「生まれてきてくれてありがとう」や「だ～いすきだよ」や「今日もかわいいね」など
ママやパパが自分以外の人から言われると嬉しいと感じる言葉を、抱きしめながらお子様に言ってあげてください。


１ヵ月後に皆様からの素敵なアンケート結果をお待ちしていま～す。

（アンケート用紙は、後日お配りいたします…）

～幸せな親子関係を楽しんでください～

※ 期　間　　10月１５日（木）～11月9日（月）
《その後いくら続けていただいても大丈夫です。》

※ モニターアンケート提出期限　　11月14日（土）

※ ハグハグのタイミング　（例）　朝起きたとき、登園したとき、家に帰ったとき、寝るとき、
ほめてあげたいとき、叱ったあと、親子の絆を深めたいとき　ｅｔｃ

Column

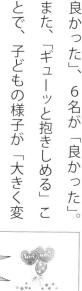

保護者の声を紹介します

●抱っこする＝甘やかすではなく，お互いが心地よく感じられる大事なことだと実感した。

●子どもたちが親からの愛情を欲しがっていることを，あらためて感じた。子どもたちも親もハグしているときは心が落ち着いた。

●叱ることも多いが，叱った後はハグすることで，叱った理由も理解してくれるように感じる。ハグは，子どもの心を安定させる力があるのだと感じた。

●子どもにハグしてもらうことで，安心感を持ち，あたたかな気持ちになる。親にとっても，ハグは生きるエネルギーとなる。世界中のみんなに，ハグを実践してもらいたい。

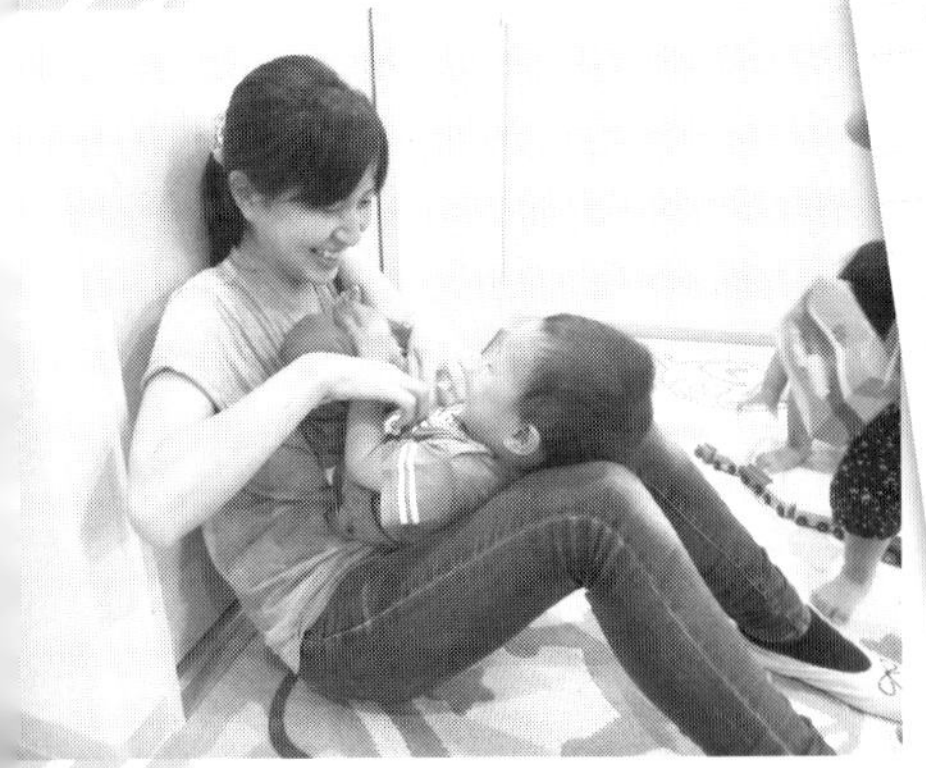

Column

第2章

園のルールは子どもが決める13のメソッド

第2章で伝えたいこと

一人ひとりの尊厳を守る

私たちの園では「デモクラティック」な保育を実践しています。デモクラティックな保育とは、簡単に言えば「民主主義」の価値のもとで保育をすることです。福祉大国・スウェーデンでは、保育の指針の初めに掲げられているほど、根底に流れている保育観です。

子どもを十把一からげに扱う画一的な保育に限界を感じていた私は、この価値観に飛びつきました。

子ども一人ひとりを平等に扱い、尊厳を守る。大人と子どもの関係は、体の大きさや年齢などで大人の方がまさっているということではなく、それを超えて「人と人」という感覚で付き合うということなのだと思います。

つまり、大人の都合で子どもに何かを強制したり、子どもの個性やペースを無視して一斉に何かをさせてはいけないのです。また、保育には子どもが将来、社会の一員として生きていく力をつけていくためのトレーニングを盛り込むことも大事です。

第2章では、私たちの園が試みている、子ども一人ひとりの尊厳を守るための13のメソッドをご紹介します。

メソッド 11

「言葉がけ」ではなく「会話」をする

保育の中でよく使われる「言葉がけ」という言葉は人情味がなくて、好きではありません。なぜなら、大人から子どもへの一方通行的なかかわりのような気がするからです。実際、家庭で「言葉がけ」など存在しません。するのは、「会話」ですね。

そこで、園では保育者と子どもの間の「会話」をとても大事にしています。では、**「言葉がけ」と「会話」とは何が違うのか**。**その違いは、まず、保育者から子どもへの一方向ではなく、ベクトルが両方向に向いていること**。**それから、言葉に感情がのっていること**の2点です。

人は、生きていくうえで、人の話を聞く力、そのうえで自分の主張を的確に話す力がとても大事です。日本ではなおざりにされがちですが、これからを生きていく子どもたちにはとくに大事な力となっていきます。幼児期から、意識してトレーニングしていくべきです。

まずは ほめることから入る

いきなり悪い話から始めるのではなく，まずは「○○したことはよかったね」「○○できて，うれしいね」といったほめ言葉から始めることで子どもは聞く耳をもってくれます。

頭ごなしに 否定しない

子どもが何かを話したら，それが間違っていることだとしても頭ごなしに否定はしません。「そうなんだね」と肯定しながら聞きます。

「それで？」と次を促す

ひとことで会話が終わってしまわないように，「そうなんだ。それで？」と会話を続けるようにします。興味をもって聞いてくれていると思えば，話す意欲がわいてくるものです。

ここがポイント！

たとえば，小さな赤ちゃんにもこれからすることを話すようにしています。赤ちゃんはまだ言葉をうまく話すことができません。それでも，「いまからごはんの仕度をしますよ」「オムツを替えますよ」など，保育者がしようとすることを話してから，動作に移すようにしています。実は，しっかりと赤ちゃんも聞いています。

メソッド
12
保育中の大きな声はNG

荒井洌先生が横浜市にあるちぐさのもり保育園を訪問してくださったとき、私が園庭で遊んでいる子どもたちに「お客様ですよ。ごあいさつしましょう」と大きな声で呼びかけました。その後すぐに、荒井先生から「大きな声を出しているということは、画一保育をやっているということだ」と指摘されました。

それまで、声の大きさについて考えたことはありませんでした。しかし、そのときに教えていただいてからは、私も含め保育者は大きな声を出さないようにし、できるだけ一人ひとりに話しかけるときは、その場面に見合った声の大きさを心がけました。

大勢の子どもに一度に話そうとするから、大きな声を出します。それが画一保育につながるのです。画一保育は、子どもが個性を発揮する芽を摘んでしまいます。だから、大きな声はNGなのです。

おかげで、私たちの園はいつも穏やかです。

ここがポイント！

とても小さい声で話すことで，子どもは耳を澄ませて聞こうとします。それが聞こうとするトレーニングにもなります。保育にとって，声の強弱はとても重要です。

メソッド 13

ていねいな言葉で話す

赤ちゃんでさえも、赤ちゃん言葉で話しかけることはしません。また、小さな子どもだからといって乱暴に言い放つような言葉づかいはしません。きれいな言葉、落ち着いたトーンで話しかけます。「お散歩だよ！」ではなく「お散歩に行こうね」。「お片づけ！」ではなく「お片づけしましょう」。

名前も呼び捨てにはしません。保護者の希望でニックネームで呼ぶこともありますが、基本は「○○さん」「○○ちゃん」「○○くん」と呼んでいます。

それは、子どもであっても一人の人として尊重しているからです。

大人対子どもではなく、人と人として付き合う、それがデモクラティックな保育の基本です。

「人と人として付き合う」などというと抽象的で、実践がむずかしいと思われがちですが、まずは言葉づかいから改めてみましょう。相手を尊重する姿勢が自然と身についていくはずです。

ニックネームで呼ばない

基本は「○○さん」「○○ちゃん」「○○くん」と呼ぶようにします。保護者がニックネームで呼んでほしいと希望した場合は別です。

言葉はていねいに，エレガントに！！！

「○○」と単語だけを言い放ったり，「○○して」ときつい言い方をするのではなくエレガントに話します。

こんな効果が！

子どもは大人のまねをして育つもの。保育者がきれいな言葉づかいを心がけていると，子どもたちの言葉づかいもきれいになります。将来，社会的な存在として社会に認められる人になるために，それはとても大事なことです。

メソッド 14

園のルールは子どもが決める

子どもにルールを押し付けることはしません。たとえば、「すべり台は逆から登らない」などの園の中でのルールも、一方的に決めて子どもに守らせることはしません。園のルールは、子どもが決めます。そのために必要なのが、話し合いです。

何か問題が起こったとき、あるいは起こりそうだと思ったとき、子どもたちの方から問題提起することはあまりありませんから、そこは保育者がリードして「すべり台でケガをしないためにはどうしたらよいか、みんなで話し合いをしましょう」ともちかけます。そして、自由に意見を出し合います。**保育者は、みんなが意見を言えるように誘導していくだけ**で、決定は子どもに任せます。

自分たちで決めたルールなら、守ることができます。もちろん、守ることがむずかしくなったら、ルール変更もあり。その場合もまた話し合いです。

テーマを知らせ，
まずは子どもたち自身に
考えさせる

子ども
一人ひとりの
話をじっくりと
聞く

発言したことが，
みんなに
理解してもらえるように
サポートする

話し合いの
内容は，
保育者が
記録しておく

話し合いが
うまく進まないときは
「～するためには
どうしたらよいかな？」
と質問を投げかける

決定権は
子どもたちに
もたせる

こんな効果が！

話し合いを何度も経験することで，子どもたちは人の話を聞くこと，そのうえで自分の意見を主張することが上手になっていきます。また，自分より小さな子にはどうしたらよいかを考えたり，守れなかった場合にどうするかを考えることもできるようになっていきます。これらは，社会的な存在として生きていくためにとても大事な力です。

メソッド 15

一つの学びのテーマを探究する

年長児は、1年をかけて一つのテーマを探求します。東百舌鳥保育園では伝統的にテーマが決まっており、それは「糸繰《く》り」です。綿の種を畑にまいて、育て、綿がとれたら繰って糸にし、それを一枚の布に織り上げます。これは、大人でも音《ね》をあげそうなほど根気のいる作業です。しかし、ここまですることで、洋服などの布がこれほどの工程がかかってできていることを知り、感謝する気持ちがもてます。

また法人の他の園では、畑で野菜を育て、それを観察して記録をとります。育った野菜は収穫して料理していただきます。そして「命をいただく」ことに感謝します。いずれにしても、**知的好奇心を刺激し、持久力が必要なテーマを設定**するのがポイントです。また、最後には「感謝」することを教えるのも大事なことです。

年間を通して一つのことに取り組むという経験は、将来、意欲的に持続的に学習に取り組む姿勢を育てます。これは、生きるためにとても大事な力です。

1年かけて糸繰り

綿の種をまきます。

綿から種を取りのぞきます。

綿をほぐします。

糸にします。

感謝を大切に

私たちの園では，「感謝」することを常に教えています。東日本大震災のときは，「水が飲めること，ごはんが食べられることがあたりまえだと思ってはいけません。感謝しましょう」と，子どもたちに教えました。

メソッド 16

保育用語はつかわない

保育は「作業」として捉えないと先にお話しました（メソッド9）。私は保育とは子育てだと考えているのです。

ですので、いわゆる保育用語はつかいません。**給食ではなく食事やお昼ごはん、またはランチ。午睡ではなく昼寝といったように、家庭でもつかう言葉に変えています。**

とくに保護者にお話しするときには、保育用語をつかわないように注意します。とても冷たく作業的な印象を与えてしまうからです。

家庭にお配りするおたよりなどでも、保育用語を書いてしまわないように注意します。

たかが言葉と思われるかもしれませんが、そういう小さなことから保育者の意識が変わり、保育内容が変わっていくのです。

家庭で子どもが過ごすときに
つかう言葉で統一する

保育用語や家では
つかわない言葉は,
できるだけ避ける

口調の強い言葉は避け,
やわらかなやさしい言葉に
置き換える

画一保育を
感じさせる言葉は
避ける

こんな言葉はつかいません

活動→遊び　着脱→着がえ　午睡→昼寝
ふれあう／かかわる→いっしょにいる・遊ぶ・ともに生活するなど
排泄→トイレ　運動場→お庭　給食→食事
子どもの姿→様子　援助する→手伝う
教室→お部屋　お遊戯会→発表会

メソッド 17

行事を目標にしたカリキュラムは立てない

運動会や生活発表会などの行事は行いますが、その目標に向かってカリキュラムを立てることはしません。その工夫はメソッド18・19でお話しします。

では、なぜ行事を目標としてカリキュラムを立ててしまうといけないのか。**それは目標を達成しようとして、毎日を過ごすことになるからです。**そうすると、子どもが苦手なことや好きでもないことを無理やり練習させられることになります。登園拒否気味になる子もあらわれ、できる子、できない子の差が生まれかねません。

さらに保育者は練習に気をとられるあまり、日々のケアが手薄になり、子どもと遊んだり、会話をしたりすることが減ってしまいます。

練習を積んで行事に挑むことで、たしかに達成感が感じられますが、そのことより子どもの穏やかな日常生活のほうがもっと大事なことだと気づいてもらいたいと思います。

プリスクールカリキュラム作成をおすすめします。

私たちの園では，学習を中心とした「プリスクールカリキュラム」を作成しています。年長の子どもたちだけの年間を通したカリキュラムで，小学校教育につなげるためのものです。

テーマ探究

子どもたちが年間を通して一つのテーマを決め，プロセスを大事にしながら掘り下げていく。（メソッド15参照）

自然科学

自然現象や身近な植物に関心をもつ。（メソッド32参照）

コミュニケーション

人との付き合いのツールとしてのコミュニケーション力をトレーニングする機会をもつ。（メソッド14・21参照）

エコロジー

持続可能な社会への意識を育てる。（メソッド23参照）

気をつけること

・年間の計画内容に余裕をもたせる。

・子どもたちの様子を見ながら，計画を変更できるようにする。

・45分間（小学校の1コマ時間）座れるようになるために，意識的に「45分間，座って人の話を聞く」「話し合いをする」などの時間を設定する。

メソッド 18

運動会は町内会型運動会

行事を保育の目標にしないとお話ししました。そこで、運動会は保護者の方に一方的にお見せするものではなく、**おじいちゃんやおばあちゃんも含むご家族みんながその日1日、体を動かして楽しんでいただけるような参加型の運動会**にしています。

どのような種目を設定するかが、工夫のしどころ。練習を重ねないでもすむ単純な振り付けのダンスでも、衣装や手に持つグッズなどを華やかにすると見栄えがして効果がアップします。

地域の親子やご近所の方も参加できるようにすると、地域交流の機会となり、子どももいろいろな人と接する中で経験の幅が広がります。

ただし年長児だけは、園生活最後の年ですので、花を添える意味も含めて「パラバルーン（直径3ｍから8ｍの円形の軽い布のふちを、集団でタイミングよく上下させたり回転させたりする）」をしています。あまり複雑ではない振り付けで、すぐに覚えられるようにします。みんながハッピーでおもしろがってくれれば大成功です。

祖父母や親も参加できる種目

おじいちゃんおばあちゃん，お父さんお母さん，最後に子どもが走る「親・子・孫三代リレー」など。

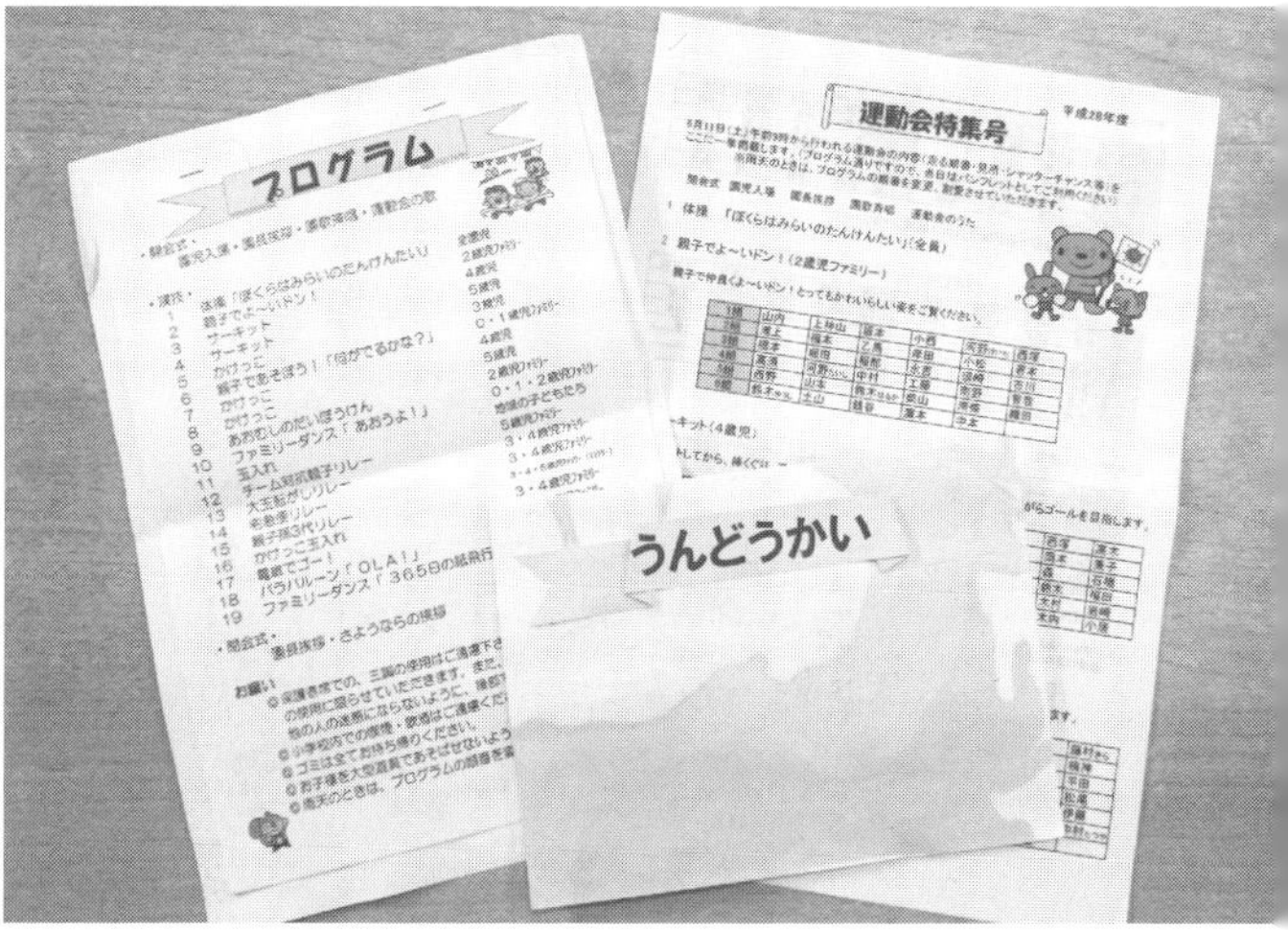

2つ折りにしたプログラム。表紙は子ども一人ひとりの手づくりです。

親子ダンスの後にハグ！

得意なことができるように

自分が好きな種目を選んで参加できるエントリー式にします。

こんな効果が！

見ているだけでなく，自分たちもいっしょに楽しめることでご家族の方はとても喜んでくださいます。最後の種目は，必ず親子ダンス。締めに親子でしっかりハグをして，子は親の心音を聞き，親子であたたかさを感じ合ってもらいます。子どもは上機嫌です。

メソッド

19

生活発表会は子どもの特技を披露する

行事を目標にしません。それでは、生活発表会はどうでしょう? 練習が必要なのではないかと思われるでしょうね。

私たちは、生活発表会を子どもの特技を披露する会だと位置づけています。けん玉が得意な子、こままわしが得意な子はそれを披露する。また、マジックショーや寸劇などの演目を用意して、子どもが自分で好きな演目にエントリーして披露するといった形です。**生活発表会を一つの番組として捉えたショー仕立てにし、見て楽しめるようにしようという提案**です。

しかし、保育者はどうしても、発表会を保護者に「見せる」ものにしたいという気持ちになりがちです。そうすると、練習の毎日がやってきて、行事に向かうだけの日々を送ることになります。あくまでも、行事は非日常を楽しむものとして捉え、子どものしあわせな生活を保証してあげましょう。

ショー仕立ての発表会

子どもが司会をする

笑点ふうになぞかけで観客を笑わせる

小さな子のダンス

ハッピーチェンジ！

いわゆる「劇」を生活発表会の中心に据えていた時代，「うちの子を主役にしてほしい」と言ってくる保護者もいました。子どもが自分の好きな演目に自分でエントリーするようになってから，こうしたクレームはなくなりました。

メソッド 20

親子の会話のきっかけをつくる

人と人とのお付き合いで「会話」はとても大事です。園では保育者や友だちと、家庭では親子で「会話」をしてほしいと思っています。「会話」とは一方通行ではない、双方向のコミュニケーション。**「〜しなさい」と親が一方的な言い方をしたり、「〜したの？」と質問するだけでは、「会話」をしているとは言えません。**

親が子どもの話をよく聞いてあげて、返答する。そしてさらに聞いてあげる……と繰り返すことは、大人にとって少々根気のいることかもしれません。しかし、子どもにはこれ以上ない幸福感があるのです。

そこで私たちは、親子の「会話」のきっかけづくりをしたいと考えました。たとえば、その日に食べた食事をガラスのケースの中に展示しておくことで、お迎えに来られたときに親子でそれを見ながら「会話」ができます。また、毎月の歌の紹介コーナーを作り、その下に歌詞をコピーしたものを置いて持ち帰れるようにしています。

食事を展示。親子の会話のきっかけに

月のメニューを壁に貼り, その日の食事をガラスケースに入れて展示。

子どもの目線でもよく見えるように3方向がガラスになっている。

食材を展示して食育につなげる工夫も。

ここがポイント！

子どもがしあわせに過ごせるように, 園として工夫できることはたくさんあると思います。こうした会話のきっかけづくりのほか, 第1章で紹介した「ハグハグキャンペーン」などもそのひとつです。子どもにとって親はかけがえのない存在であることを発信するのは, 園の大事な役目です。

メソッド 21

朝のサークルタイムで社会意識を育てる

毎朝、15～20分ほどのサークルタイムを設けています。輪になって座り、まずは出欠の確認をします。次に保育者が今日1日の予定を話します。そして当番が代表してお天気調べ（今日のお天気の報告）をします。

それから、みんなで話し合いをします。その日によってテーマは違いますが、子どもの日常生活とは少し離れた話題も意識的に話します。たとえば、「今日は夏至《げし》の日ですよ。夏至《げし》の日というのはね……」と暦について話したり、子どもの目にも触れる大きなできごとや災害があったときは、それについて話すこともあります。

大事なことは、保育者が一方的に話すのではなく、そのテーマについて子どもと「会話」をすることです。どんなに小さなことでもいい、できる限り全員が発言できるようにリードしていくのが、保育者の腕の見せどころ。毎日の積み重ねで、少しずつ、人の話を聞く姿勢、自分の意見を言う勇気が育っていきます。

ここがポイント！

大事なことは，保育者と子どもが教室型のように真正面から向き合うのではなく，みんなで輪になって座ること。全員の顔が見え，誰が何を話しているか，どんな表情で話しているかがわかることで，協調性と社会性が育っていきます。

メソッド 22

男女平等を意識する

男の子は青色、女の子はピンク。男女で色分けしているのは、社会ではよくあることです。性差で決めつけた分け方をすることはよくありません。

たとえば、女の子はままごと、男の子は戦いごっこなどと決めつける必要はありません。男女の区別を意識する場面を極力つくらず、平等の意識を徹底するための教育はこれからもっと必要になります。

男女の区別は、差別につながるおそれがあります。子どものころに植えつけられた感覚から、人はなかなか自由になることはできません。同時に、無意識に「男の子なんだから、泣かないの！」とか「女の子なんだから、お行儀よくしましょう」など**不用意な発言や行動をしないよう、保育者自身の意識も変えていく必要があります。**

料理もそうじもみんなの仕事

昔から女性の仕事とされてきた家事は，もはや女性だけの仕事ではありません。小さいころから男の子も女の子も，生活をしていくために身につける必要があります。

名簿は単純な「あいうえお」順で

男の子が先で女の子が後という名簿は作成しません。単純な「あいうえお」順で，男女混合名簿にします。

ここがポイント！

これからの保育には，「平等」ということがとても大事なキーワードになってきます。ふだん「普通」として捉えていることも，本質は不平等だったりします。昔から培われてきた性差による不平等の存在は，これからの国際社会では通用しません。未来を生きる子どもたちのためにも，男女平等という意識を徹底するようにしましょう。

メソッド

23 エコを教える

将来、社会の一員となる子どもたちには、持続可能な社会に向けての意識づくりをしていきたいものです。そこで、**園ではエコ教育として「太陽光発電」「ゴミの分別」「堆肥づくり」の3つを実践しています**。子どもたちにそれぞれの意味も教えています。また、ゴミの分別と堆肥づくりについては子どもたち自ら実践しています。

堆肥づくりは、園庭に堆肥プールを設置。秋が深まり、園庭に葉っぱが落ちるようになったら、落ち葉を堆肥プールに集めて入れ、米ぬかなどを足して撹拌《かくはん》します。これは、その日の年長児の当番が担当します。そして堆肥ができあがったら、その堆肥を使って花植えをします。

ゴミの分別は、ゴミ箱にマークを貼り、ゴミを捨てるときに常に「これはどの種類のゴミかな？」と意識する習慣づけをしています。そうすることで、子どもは小さなころから「エコ」を意識するようになるのです。

太陽光発電

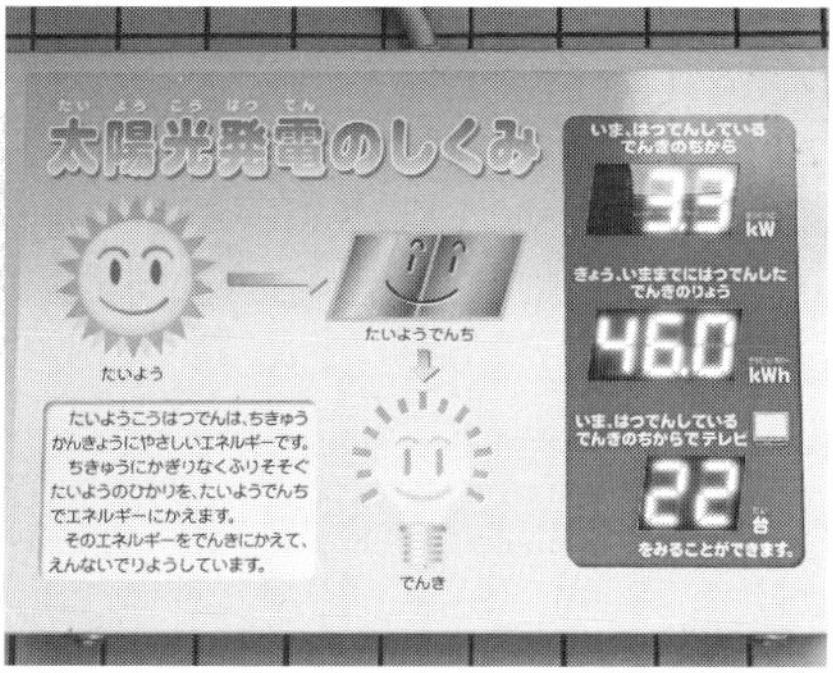

子どもにもわかりやすく発電のしくみが説明されている。

ゴミの分別

3つのBOXにゴミを分別。イラストも入れてわかりやすく。

落ち葉を堆肥プールに入れて米ぬかなどを入れ堆肥をつくる。

堆肥プール

ここがポイント!

持続可能な社会をつくるためにも，またそのような社会を子どもたちにつくってもらうためにも，小さなうちから考えられるかぎりのエコロジー教育はしていかなければなりません。

スウェーデンケアのすすめ

はじめてスウェーデンを訪問したのは、2005年の秋でした。訪問させていただいた園は、どの園もインテリアが美しく、お家のようでした。私は自分の園と比べて、相当混乱しました。しかし、何度も訪れるうちに、スウェーデンの保育のありように魅了されていきました。

魅了されたのは、素敵なインテリアばかりではありません。スウェーデンには、「Lpfö98」というものがあります。これは、一般的に日本でいう保育指針や教育要領のようなものです。この指針は1998年に教育庁から出されて、現在

は2010年に改訂されています。

この指針「Lpfö98」がスゴイのです。その冒頭に『デモクラティックな価値で保育をせよ』と書かれており、どのような保育が望ましいかがざっくりと説明されていました。なぜざっくりなのかというと、詳細については各園が決めてよいからです。

最初、私はデモクラシーと保育とがどう結びつくのか、よく理解できませんでした。でも、読み進めるうちにだんだんと理解できるようになってきました。

「デモクラティックな価値」とは、子ども一人ひとりの尊厳を守り、平等に保育をし、安全に気を配り、お互いが理解し合える関係性を身に付けるということ。また、子どもの創造力を育み、コミュニケーションの力を育てること。そのような教育がなされることで子どもたちは、社会の一員として生きていく術を身に付けることができるのです。

指針というものは、「道」を示すものです。その「道」にバックボーンは絶対に必要です。私はそのバックボーンがスウェーデン社会のあり

Column

方である「デモクラシー」で統一されていることに感動しました。
この感動が私の保育観をより強固なものにしたように思います。

＊写真はスウェーデンの保育園

Column

第3章

保育園を
昼間の家庭に
12のメソッド

第3章で伝えたいこと

生活の場であるための環境づくり

「園は昼間の家庭」――この言葉を教えてくださったのは、荒井洌先生です。「園は家庭の続きでなければならない」という荒井先生の思想は実にすばらしいものでした。

「昼間の家庭」のように園がなれたら、子どものストレスはどれほど減ることでしょうか。そして、私たちの保育という仕事がどれほどやりがいのあるものになることでしょうか。

それに気づいたときから、園を昼間の家庭にすべく、さまざまな場面で保育を変えてきました。まず、ハード面を変えました。「運動場」だった園庭を「お庭」にしました。「教室」だった保育室を「お部屋」にしました。そして、家庭にダイニングルームやリビングルームがあるように、目的別の空間やコーナーをつくりました。

次に、ソフト面も変えました。年齢別に分けてクラスをつくっていたのを、異年齢のクラスにしました。

同時に、スタッフの意識を変えました。「大人が中心軸にあるのではなく、子どもが中心」と。みんなで一斉に同じことをするのはやめ、「一人ひとりの子どものペースに合わせて保育をする」ということを徹底しました。

第3章では、昼間の家庭にふさわしい環境づくりについて12のメソッドをご紹介します。

メソッド 24

ホームメーキングのトレーニング

ホームメーキングとは家事のことです。

私は、子どもは**小さなころから自立して生きていくための力をつけていく必要があると考えています**。家で大人が料理をしたり、掃除をしたり、洗濯をしたりする様子を子どもが見てお手伝いをしながら学んでいくのが理想です。しかし、園で過ごす子どもたちには、残念ながらその機会が少ないのも現実です。

そこで、遊びの中でその機会を提供しようと考えました。プレイルームの中に「二階建てハウス」を設置しました。これは、いわゆるままごと遊びが本格的に楽しめるというものです。子どもサイズのキッチンやドレッサーなどが置かれたこの部屋で、子どもたちは楽しみながらホームメーキングのトレーニングを行っています。抱き人形も用意し、子育てもします。子どもたちはここで遊びながら学んでいます。

二階建てハウスで本格的ままごと

「二階建てハウス」は子どもたちに大人気。

本物そっくりのままごと道具で，男の子も女の子も遊ぶ。

こんな見方も！

大人気の「二階建てハウス」の中でくり広げられる光景は，子どもたちそれぞれの家庭の様子です。赤ちゃんを抱っこしながら，忙しく料理をつくる。子どもに布団をかけてあげるなど。おうちでの親の仕草を，子どもはよく見ていますよ。

メソッド 25

カーテンを部屋ごとに変えてみる

すてきなインテリアは、子どもの心を豊かにします。家庭でもそれぞれの好みで部屋をセンスよく整えているように、保育室もセンスよく整えてみましょう。

いちばん手軽に部屋の雰囲気を変えられるのが、カーテンです。

園の場合、どの部屋も同じカーテンということが多いと思います。でも、それではつまらない。部屋にもそれぞれの個性があるのですから、それに合わせてカーテンも変えてみてはいかがですか。

デザインや色調などを工夫してみるのも楽しいものです。

カーテンの選び方は、それぞれの部屋の基調色を決めて、家具や壁、床の色とカーテンの色が合うようにします。部屋ごとにカーテンが違えば、園内の雰囲気がすっかり変わり、おうちらしくなります。

カーテンを部屋の目的ごとに変える

赤ちゃんの部屋，幼児の部屋，ダイニングルーム，それぞれの部屋ごとにどのようなイメージにしたいか考えます。

大きな子の部屋

1・2歳児の部屋

赤ちゃんの部屋

カーテンとともにライティングも考える

どの部屋も「教室」風の蛍光灯ではなく目的別にライティングも考えます。食事をする場所にはあたたかみのある白熱灯のペンダントライトをつけるなど工夫してみましょう。

保護者の語らいのスペース

保護者との懇談やスタッフの打ち合わせスペース

乳児のダイニングスペース

※照明器具については，各自治体ごとに規定があります。

メソッド 26

遊び道具を考え直す

子どもにとって遊び道具は欠かせないものです。遊び道具とおもちゃは同じだと思われるかもしれませんが、私は違うと捉えています。遊び道具は五感を鍛え、創造力を豊かに育みます。まさに子どもにとって成長するための道具なのです。

私たちの園では、遊び道具を充実させるようにしています。素材が優れていて、手触りもよく、子どもの考える力を伸ばしてくれる道具にこだわっています。そして、このような道具は長持ちし、年齢を超えて遊べます。

子どもは遊びの中で学んでいます。だからこそ、効果的に学べるような質のよいものを与えるべきではないでしょうか。

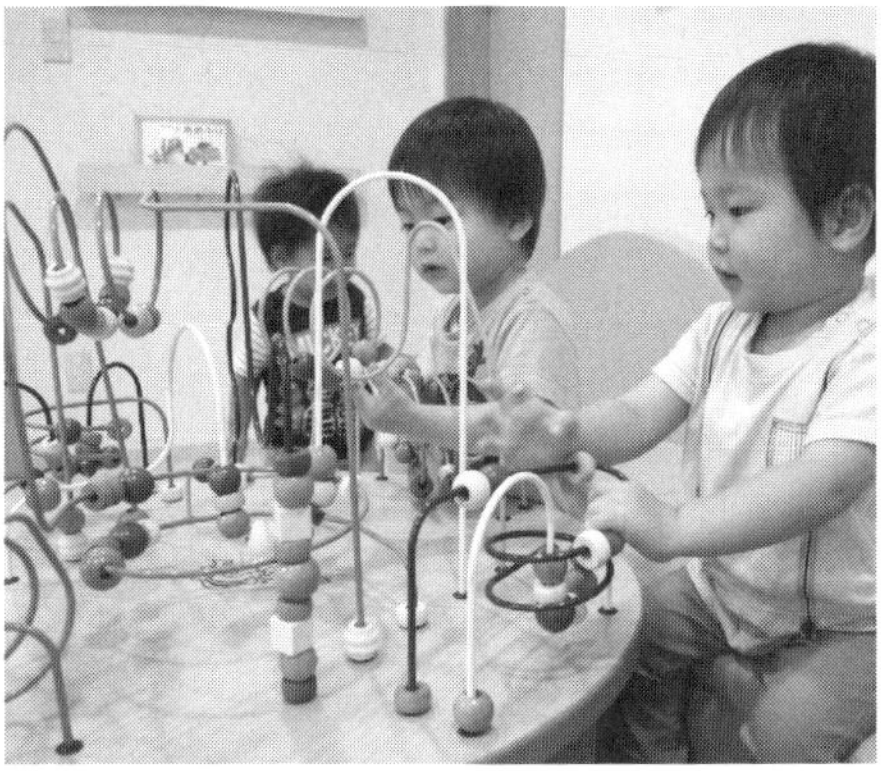

カラフルな玉を自由に動かすことで，指先の運動にもなります。

磁石のおもちゃは，組み合わせ方で自由に表現でき，創造力を育みます。

壁面に壁かけ式のおもちゃを設置。ドミノが倒れるとすぐに元に戻して遊びます。

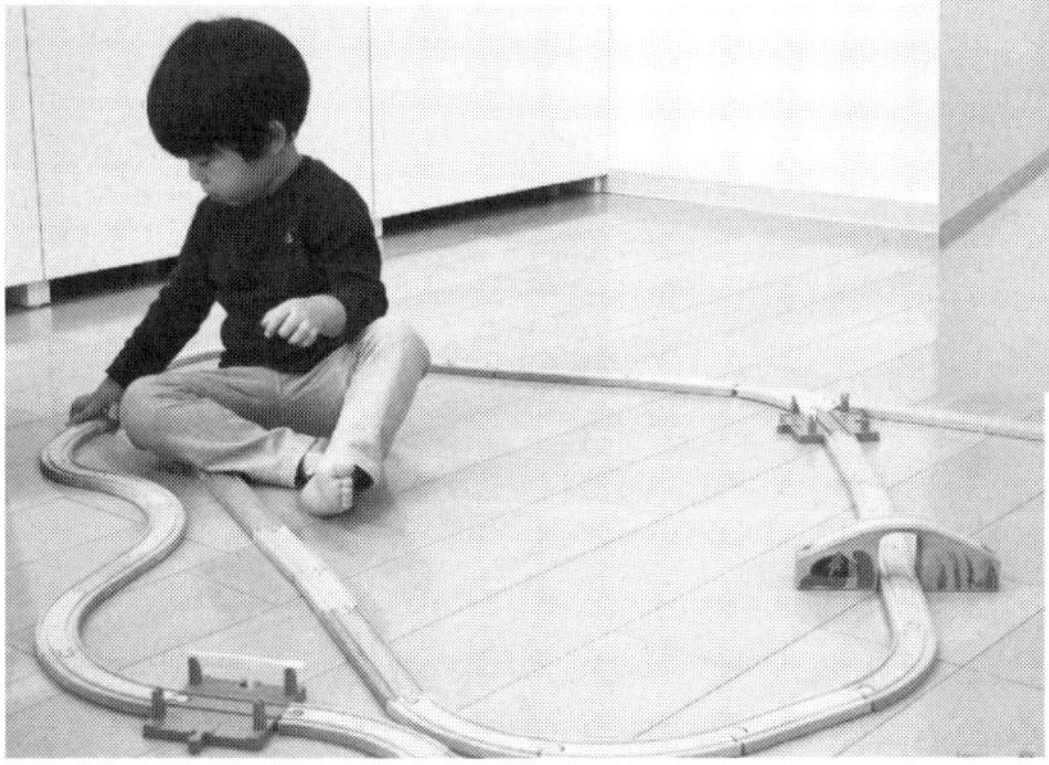

木のおもちゃは手触りもよく，子どもの手のひらによくなじみます。

ここがポイント！

子どもの脳は色に強く反応します。ですから，「どうやって遊ぶのかなぁ」と子どもに考えさせるようなカラフルでユニークなものがおすすめです。子どもが無我夢中で遊べる遊び道具がよい道具だと思います。

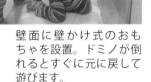

メソッド 27

一斉に「いただきます」はしない

全員で集まって一斉に「いただきます」はしません。テーブルごとに「いただきます」をします。「いただきます」の歌もうたいません。

食事は大きな楽しみのひとつ。そして、楽しみにしてもらえるような食事であってほしいと思います。何かを強いられる食事ではいけないのです。

食事の量も、子ども一人ひとりに合わせて盛り付けます。小食の子には少なめに、たくさん食べる子には多めによそい、「減らしてほしい」「増やしてほしい」などの、子どものオーダーにも応えます。

子どもは純粋。嫌なものや体に合わないものは食べません。強いられる食事は辛いものです。無理に食べさせることはしません。自分の身になる食事は、楽しいものでなくてはなりません。いつも笑い声が絶えず、明るく食事ができることは、子どもにとってしあわせなことです。

席は決めない

好きなテーブルに座り，その日そのときいっしょに食べたい先生や友だちと食べるようにします。

ときには カフェテリア方式で

子どもの背の高さに合わせたサラダバーを活用します。「自分で食べられる量をとること」，自分でとった量は，「責任をもって食べること」を教えます。

ここがポイント！

私たちは，小さな子どもが毎日食べる食事を「給食」とは言いません。「お昼ごはん」や「食事」と表現しています。これらの言葉の方があたたかさや愛情が感じられるからです。

メソッド 28

リラックスできる部屋づくり

子どもたちが一日を過ごす部屋は、リラックスできる部屋でなくてはなりません。しかし、大半の園は部屋と呼びつつも、そこには子ども用の机と椅子が置かれた「教室」になりがちです。では、どのようにすれば、子どもがリラックスして一日を過ごせる部屋に変えることができるのでしょうか。

たとえば、部屋を家具や観葉植物で間仕切りしてみてはどうでしょうか。小さな空間ができることで、子どもたちは落ち着いて遊ぶことができます。死角になってしまい危険ではないかと心配される保育者の方もいらっしゃると思いますが、案外子どもは周囲に注意を向け、安全に遊んでいます。

また、ダイニングルームやプレイルームなど目的別の部屋を用意すると、子どもにとっても保育者にとってもスムーズに日常生活が運びます。

お昼寝の部屋

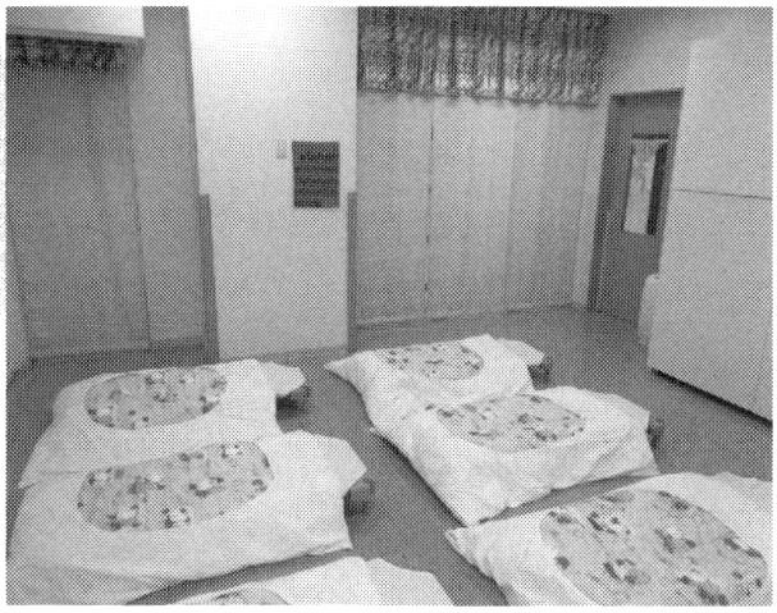

スタディルーム

ダイニングルーム

プレイルーム

ご提案！

子どもは隅っこが大好きです。子どもが落ち着けるような隅っこをつくってあげることもおすすめです。また，友だち同士でおしゃべりできるように，ベンチを置いてあげるのもよいでしょう。

メソッド 29

おうちグループをつくって生活する

昔はきょうだいも多く、地域のつながりもあったので、子どもたちは自然と年上の子ども、年下の子どもと一緒に遊んでいました。そこで子どもたちはさまざまなことを学び、また思いやりの気持ちを育てていきました。

いまの子どもたちには、その経験が圧倒的に欠けています。きょうだいは少なく、また地域の交流はほとんどないのが現実です。そこで、私たちの園（ちぐさのもり保育園とあいのもり保育園）では、**3歳児以上は年齢別のクラスは設けず、異年齢クラスを設けています**。大きな子どもはお父さん役、お母さん役、そして小さな子どもは子ども役で構成する「おうちグループ」をつくり、いっしょに遊んで生活しています。

このようにすると、自然に年上の子が下の子の「世話」をし、下の子が上の子に「憧れ」の気持ちをもって「まね」をするという関係性が生まれ、子どもの心はより豊かに育っていくのです。

園内のあちこちに異年齢で遊ぶ様子が見られる。

大きな子が小さな子のためにセミをとってあげている。

こんな効果が！

靴がはけない小さな子に，靴をはかせてあげようとする大きな子ども。セミがつかめない小さな子が大きな子をまねて必死でつかもうとする様子。どれもほほえましく，子どもの心の中に大事なものが育っています。

メソッド 30

子どもの絵を額に入れて飾る

保育室は「教室」ではなく、「部屋」だと考えています。一斉に飾られている絵があれば、そこは「教室」です。しかし、私は「部屋」でなければならないと考えているので、そのような飾り方はしません。

そこで提案です。子どもの絵を額に入れて飾ってみてはいかがでしょうか。

一度にすべての子どもの絵を飾ることはできませんので、一年を通して平等に飾るようにしています。

絵を額に入れて飾るということは、子ども一人ひとりが尊重されていることの証です。飾られた子どもは、もちろんうれしいですし、保護者も飾られた子どもの絵を見て喜んでくれます。部屋だけでなく、廊下やダイニングルームなどにも飾ります。子どもの絵は素敵なインテリアの一つです。最近ではカラフルな額が安価で売られているので、ぜひ試してみてください。

子どもの
絵も額に

画家の
描いた絵も

布を飾る
のも素敵

ここがポイント！

「絵」ということで言えば，画家が描いた「絵」も飾るようにしています。また，広い壁面には，ファブリックパネルなども飾ります。園内がカラフルで素敵になりますよ。

メソッド 31

ダイニングテーブルで食事をする

いま、多くの家庭では、ダイニングテーブルで食事をしていることと思います。ローテーブルを使っている家庭もあるかもしれませんが、少なくとも多くの園にある子ども基準のテーブルと椅子を使っている家庭はないでしょう。そこで、私たちの園では、ダイニングテーブルで食事をします。

ダイニングテーブルで食事をすることは、家庭での食事の雰囲気に近づきます。そして、食事をするマナーも身につくようになります。また、保育者も自然な姿勢で子どものケアができ、立ち居振る舞いが美しくなります。

子ども基準の低いテーブルだと、保育者は正座をするのも苦しく、足を崩すのもみっともないということで、なかなか辛い姿勢を強いられます。**保育者の立ち居振るまいも子どものお手本になるので大事なことです。**

ダイニングルームにはダイニングテーブルを。みんなお行儀よく座って食事をしている。

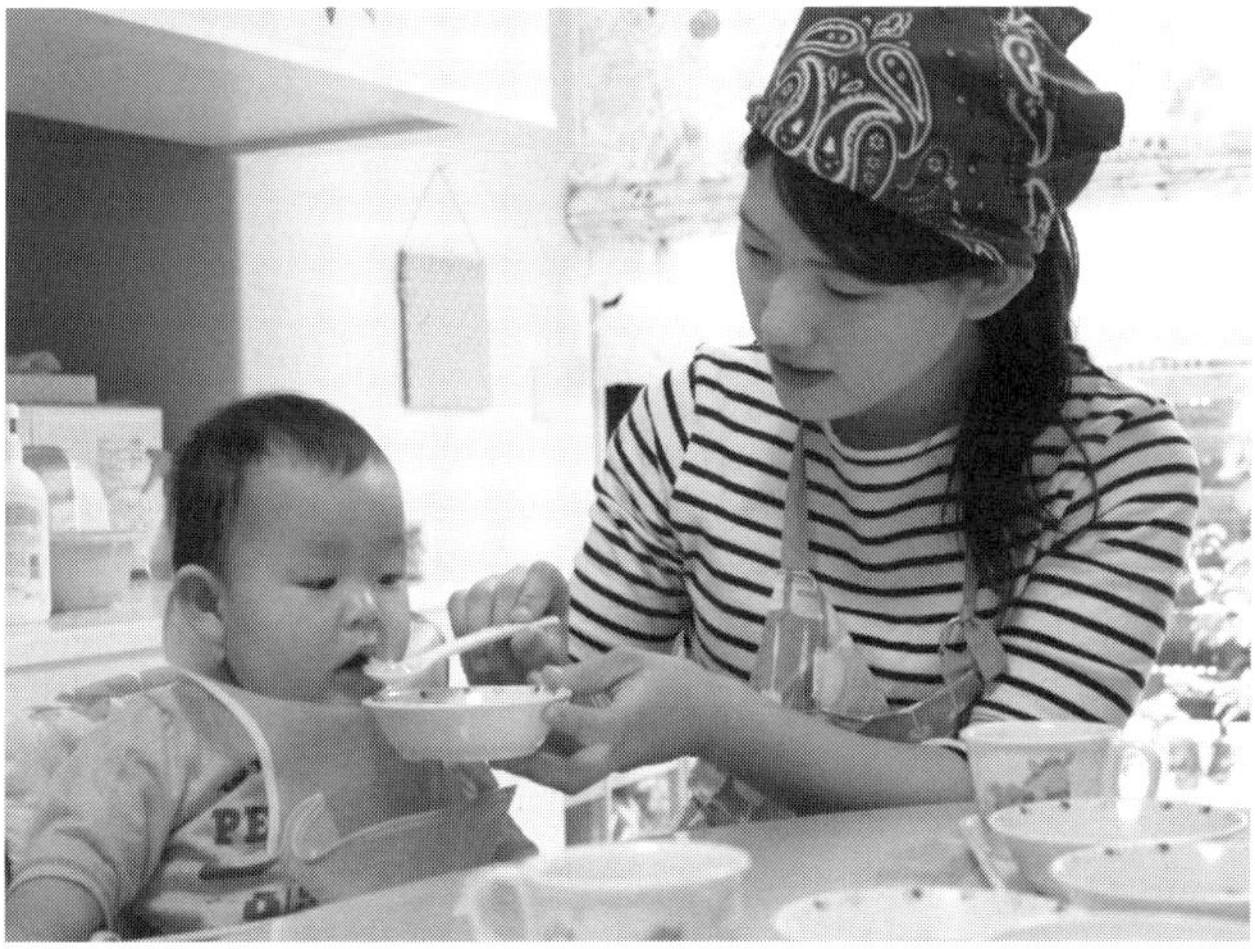

保育者の立ち居振る舞いも美しく！

ご提案！

ダイニングルームのテーブルに花を飾ってみてはどうですか。その花も年長のお当番さんが生けてくれると素敵です。子どもの心にも「飾る」という美意識が芽生えます。

メソッド

32 子どもを育む緑豊かな園庭へ

園庭は「運動場」ではありません。「庭」です。ただのガランとしたグラウンドだと、感性が育ちません。

そこで、私たちの園では園庭に四季折々のさまざまな草花や木々を植え、起伏をつくり、土と水と緑とで子どもが遊べるようにしています。自然は、季節によって姿を変え、虫など小さな生き物もやってきて、子どもにたくさんの刺激を与えます。

また、「こうしたらどうなるかな」とイメージして工夫して遊んでみる。遊んでみた結果、どうなったかを振り返る。つまり「Plan・do・see」を毎日、遊びの中で誰かに指示されることもなく子どもたちは行います。こうした科学の芽とも言える遊びの数々は、自然の中でこそ生まれます。それは、このような園庭だからこそ可能なことです。

ですので「お花を摘んではダメ」「木に登ってはダメ」などの禁止事項はつくりません。お花を摘んだり、実をもいで食べることも自由です。

季節に応じて花をつける草花。草花のまわりには虫も集まってくる。

実のなる木や野菜を植えて。子どもたちは自由に食べてよい。

針葉樹と広葉樹が入り交ざり植栽されていて,夏は涼しく冬は暖かい。

ハッピーチェンジ!

昔,園庭が「運動場」だった当時は,大きな子がサッカーやドッジボールを楽しみ,小さな子は隅に追いやられていました。しかし,木や草花を植えることで,大きな子と小さな子が手をつないで遊ぶような光景も見られるようになりました。「ケガはしませんか」と聞く人もいますが,運動場だった頃より,今のほうがケガは減りました。子どもが自分の足元を見るようになったからです。

メソッド 33

絵本の部屋を充実させる

人が成長するうえで、絵本は大切な栄養です。子どもの想像力を刺激し、共感力や理解力を培い、文字への興味を育てます。そこで、私たちの園では絵本の部屋あるいは絵本のコーナーをつくり、子どもが自由に絵本を楽しめるようにしています。

揃えているのは主に、長く読み継がれている絵本や子どもにとってよいと定評のある絵本。キャラクターものは、家庭で楽しむ分にはよいと思いますが、あえて園で子どもに紹介する必要はないと思います。

子どもが手に取りやすいように、絵本の並べ方にもひと工夫。いつも同じだと子どもは飽きてしまいますから、季節ごとに入れ替え、その月のおすすめの絵本の表紙が見えるように並べます。また、くつろぎながら絵本の世界に入り込めるように、やわらかな布を敷いたり、クッションを置くのもよいでしょう。

自由に絵本を楽しめるようにする

円柱形に仕切られた絵本コーナーでは，落ち着いて絵本を見ることができます。

園庭の中にある絵本の部屋。子どもが好きな絵本を選びやすいように，表紙を見せて並べます。

一つの部屋を絵本を読むためだけの部屋にしました。
絵本がたくさんあります。

ご提案！

毎月でなくても，数か月に一度の割合で「おすすめ絵本」や「絵本の紹介」のおたよりを作成し，ご家庭に配付してみてはいかがですか？　案外，保護者はどんな絵本がよいのか迷っていることもありますよ。

メソッド 34

保育者自身がおしゃれを楽しむ

スタッフがみんなお揃いのユニフォームやジャージを着て保育をする園がありますね。でも、何度もお話ししているように、保育は作業ではなく子育てです。私たちの園では、スタッフはみんなプライベートのような私服で保育をしています。そう、お母さんやお父さんがおうちで子どもと過ごすときのように、です。

保育者それぞれがおしゃれをして、自分らしさを表現することは、子どもの個性を大事にすることにつながるのです。

私たち自身が、子どもにとっての「お手本」だと考えているのでいつも素敵でいるよう心がけましょう。マナーとして薄化粧もよいと思います。香水や洗剤の香りのキツイものは避けましょう。また、服装だけでなく、立ち居振る舞いや言葉づかいにも気をつけましょう。

子どもたちにとって最初に出会う、家族以外の大人が私たちです。「いつも素敵にして、憧れの存在になれるように」とスタッフには話しています。

これはNG

下品な服

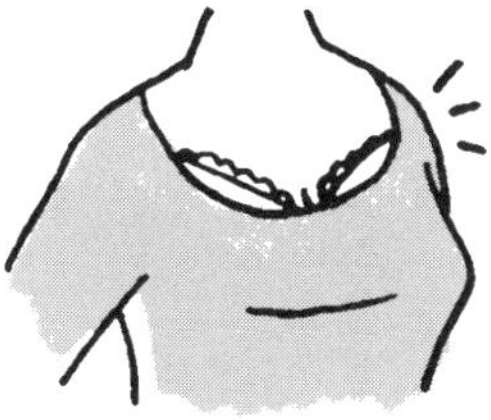

胸元が開きすぎて下着が見えてしまうトップス

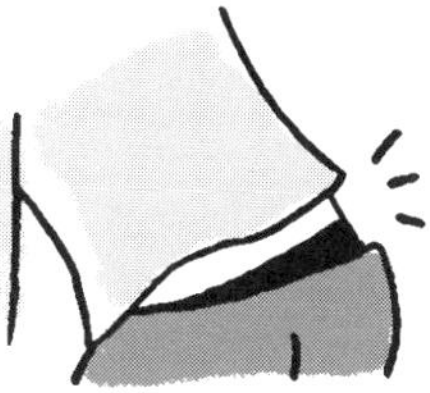

履きこみが浅く，かがんだときに背中が出てしまうパンツ

これはNG

子どもと遊ぶのに不都合な服

袖の長いトップス

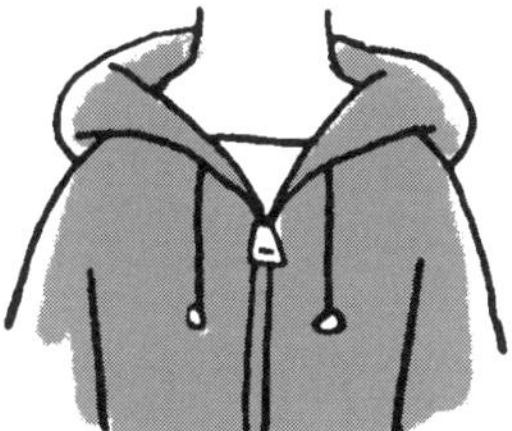

つい紐を引っ張りたくなるフード付きのトップス

ビーチサンダル

これはNG

子どもの肌を傷つける可能性があるもの

結婚指輪以外のアクセサリー

こんな効果が！

「子どもの前だから何でもいいや」というのではなく，「今日はどの服にしようか」とおしゃれを楽しむ気持ちは，子どもにも伝わります。「先生のお洋服，かわいい！」という子どもの声がよく聞かれます。洋服も大事なアイテムのひとつです。

メソッド 35

ケアルームを充実させる

園で突然、熱が出たりして具合が悪くなった子どもは、保護者がお迎えに来てくれるまで待っていなければなりません。体が辛いうえに不安になります。

もちろんスタッフはそばについて、背中をさすったりしながら、少しでも子どもが辛さを紛らわせられるようにしています。

でも、多くの園では、子どもが休むケアルームは案外、なおざりにされていませんか？

私の法人の園ではケアルームにもあたたかみのある木製のベッドや家具を置き、おうちにいるような雰囲気が感じとれるようにしています。そうすることで、子どもの不安はやわらぎ、安心して待つことができるように思います。

また、病気の情報コーナーを設けています。園内の子どもの病気の状況をお知らせし、流行っている**病気についてのくわしい情報と、注意点やケアの方法が書かれた資料をプリントして置いていています。**

あたたかい
ケアルーム

病気情報コーナーは
玄関のそばに

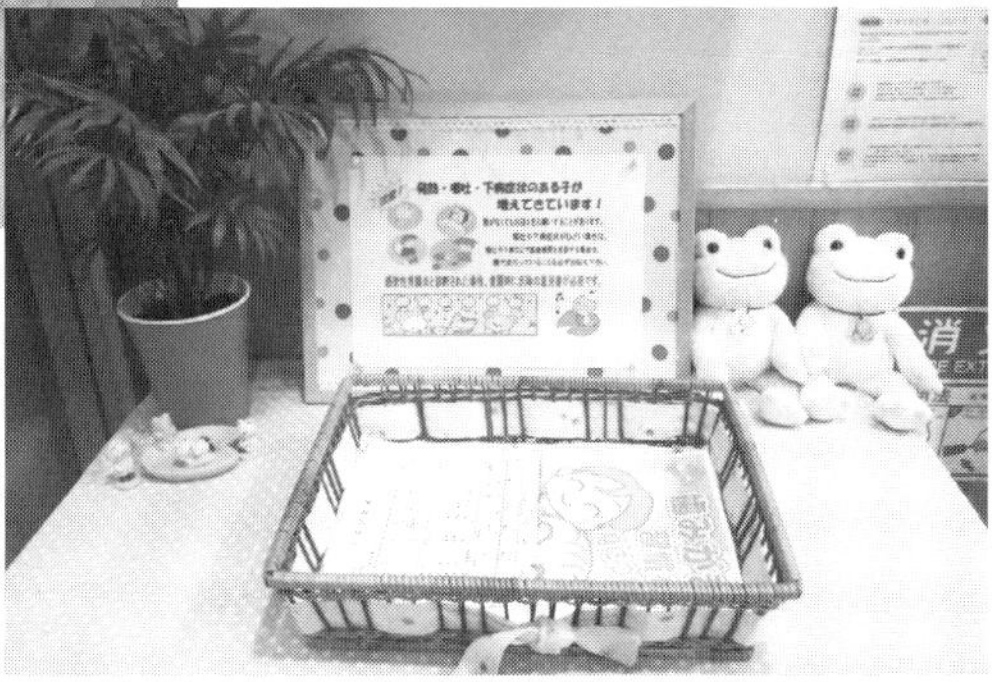

ここがポイント！

とくに核家族で子育てをしていると，子どもの病気に対して不安になります。参考になる資料を用意することで，保護者からは「とても助かります」という意見をいただいています。

おわりに
―感謝の気持ちと保育者の皆さんへのメッセージ―

最後までお読みいただきまして、ありがとうございました。
また、私に保育を教えてくださった皆様、ありがとうございました。保育を教えてくださった皆様がいてこそ、私は自分の園の保育を変え、この本が書けるようになったのです。感謝いたします。

私には子どもが3人います。子どもたちの成長は、私にとって学びの連続でした。いまでもそうです。私がずっと仕事をしていたこともあり、小さなころにあまり手をかけてやれませんでした。それが私の後悔です。だからこそ園に来てくれている子どもたちを抱きしめて愛情をそそぎ育てたいと思っています。

子育てとは、失敗と後悔の連続かもしれません。でもそれが取り返しのつかないことにならないようにするためには、小さなうちから愛情いっぱいに育てることです。つまり「先手必勝」

の心意気です。そうすることで、大きくなって少々のことにつまずいても乗り越えられる子どもに育っていきます。

保育者の皆さんは、昼間親の代わりをしてくださっています。その昼間に愛情をそそげるのは私たち保育者しかいないのです。子どもは周りの人たちから与えてもらえる愛情によって変わります。私はこのことを保育者の皆さんに訴えたいのです。

どうか子どもを愛してやってください。そして私たち一人ひとりが平和の担い手であることを自覚してください。

私も子どものしあわせを願ってこれからも歩んでいくつもりです。

最後に出版にご協力してくださいました皆様に感謝申し上げます。ありがとうございました。

２０１６年６月吉日

社会福祉法人よしみ会　中辻祥代

撮影・大木大輔

著　者　中辻祥代

1961 年大阪府堺市生まれ。
大阪府立大学大学院修士課程修了。
1991 年より両親の後を継ぐために社会福祉法人よしみ会東百舌鳥保育園に入職。
1995 年より同園園長を 17 年務める。
2012 年には，ちぐさのもり保育園園長となる。
現在は園長職を退き，法人保育統括責任者としてスタッフの指導にあたる。
2016 年よりストックホルムに拠点がある「スウェデュケア」のメンバーとなる。

写真提供

東百舌鳥保育園（大阪府堺市）
泉北園（大阪府堺市）
ちぐさのもり保育園（神奈川県横浜市）
あいのもり保育園（東京都品川区）

イ　ラ　ス　ト　すみもとななみ
装丁・デザイン　ベラビスタスタジオ
編　　　　　集　こんぺいとぷらねっと

参考文献

『保育園生活のデザイン』
1 巻〜 12 巻　荒井洌　明治図書
『倉橋惣三　保育へのロマン』
荒井洌　フレーベル館
『児童の世紀』
エレン・ケイ　小野寺信，小野寺百合子訳　冨山房百科文庫

*『保育園生活のデザイン』全 12 巻で提起されている主なキーワードが『保育者のための 50 のキーワード』（明治図書）として新たに一冊にまとめられ出版されています。

子《こ》どもが変《か》わる！　愛情《あいじょう》保育《ほいく》35 のメソッド

2016 年 9 月 25 日　初版発行
2017 年 1 月 30 日　2 刷発行

著　者	中《なか》　辻《つじ》　祥《さち》　代《よ》
発行者	武　馬　久仁裕
印　刷	株式会社　太洋社
製　本	株式会社　太洋社

発　行　所　　株式会社　黎《れい》　明《めい》　書《しょ》　房《ぼう》

〒460-0002　名古屋市中区丸の内 3-6-27　EBS ビル　☎ 052-962-3045
FAX 052-951-9065　振替・00880-1-59001
〒101-0047　東京連絡所・千代田区内神田 1-4-9　松苗ビル 4 階
☎ 03-3268-3470

ISBN978-4-654-06097-9